DANGEROUS SNAKES
RATTLESNAKES
SERPENTS DANGEREUX
LE CROTALE

Tracy Nelson Maurer

TABLE OF CONTENTS

TABLE DES MATIÈRES

A Crabtree Seedlings Book
Un livre de la collection Les jeunes plantes de Crabtree

Crabtree Publishing
crabtreebooks.com

School-to-Home Support for Caregivers and Teachers

This book helps children grow by letting them practice reading. Here are a few guiding questions to help the reader with building his or her comprehension skills. Possible answers appear here in red.

Before Reading:

- What do I think this book is about?
  - *I think this book is about rattlesnakes.*
  - *I think this book is about why rattlesnakes make rattling sounds.*
- What do I want to learn about this topic?
  - *I want to learn how to stay away from rattlesnakes.*
  - *I want to learn where rattlesnakes live.*

During Reading:

- I wonder why...
  - *I wonder why rattlesnakes don't like cold weather.*
  - *I wonder why some people eat rattlesnakes.*
- What have I learned so far?
  - *I have learned that rattlesnakes must shed their skin to grow.*
  - *I have learned that they add a ring to their rattles each time they shed their skin.*

After Reading:

- What details did I learn about this topic?
  - *I learned that rattlesnakes eat mice, birds, and other snakes.*
  - *I learned that rattlesnakes don't like cold air.*
- Read the book again and look for the vocabulary words.
  - *I see the word **rattler** on page 5 and the word **scales** on page 4.*
    The other glossary words are on pages 22 and 23.

Soutien de l'école à la maison pour les parents, les gardiens et les enseignants

Ce livre aide les enfants à se développer grâce à la pratique de la lecture. Voici quelques exemples de questions pour aider le lecteur ou la lectrice à développer ses capacités de compréhension. Les suggestions de réponses sont indiquées en rouge.

Avant la lecture

- De quoi ce livre parle-t-il?
  - *Je pense que ce livre parle des crotales.*
  - *Je pense que ce livre explique que les crotales font un bruit de sonnette.*
- Qu'est-ce que je veux apprendre sur ce sujet?
  - *Je veux apprendre comment éviter les crotales.*
  - *Je veux savoir où vivent les crotales.*

Pendant la lecture

- Je me demande pourquoi...
  - *Je me demande pourquoi les crotales n'aiment pas le froid.*
  - *Je me demande pourquoi certaines personnes mangent des crotales.*
- Qu'est-ce que j'ai appris jusqu'à présent?
  - *J'ai appris que les crotales doivent changer de peau pour grandir.*
  - *J'ai appris qu'ils ajoutent un anneau à leur sonnette chaque fois qu'ils muent.*

Après la lecture

- Nomme quelques détails que tu as retenus.
  - *J'ai appris que les crotales mangent des souris, des oiseaux et d'autres serpents.*
  - *J'ai appris que les crotales n'aiment pas le froid.*
- Lis le livre à nouveau et cherche les mots de vocabulaire.
  - *Je vois le mot **écailles** à la page 4 et les mots **serpent à sonnette** à la page 5.*
    Les autres mots du glossaire se trouvent aux pages 22 et 23.

RATTLESNAKES

Ch-ch-ch-ch-ch-ch! A rattlesnake shakes its tail to say, "Move away!"

LE CROTALE

Ch-ch-ch-ch-ch-ch! Un crotale fait vibrer sa queue pour dire « éloigne-toi! ».

Hard **scales** form the rattle.

Des **écailles** dures forment le bruiteur.

A **rattler** can shake its tail more than 50 times per second.

Un **serpent à sonnette** peut faire vibrer sa queue plus de 50 fois par seconde.

Rattlesnakes must shed their skin to grow.

Les crotales doivent changer de peau pour grandir. Ils muent.

Rattlesnakes add a ring to their rattles each time they shed their skin.

Le crotale ajoute un anneau à son bruiteur chaque fois qu'il mue.

Rattlesnakes may look tan, brown, or gray.

Les crotales peuvent être tans, bruns ou gris.

Rattlesnakes wait for **prey**.

Le crotale attend sa **proie**.

Pits on their snouts help them track their prey's body heat.

Les petits trous sur son museau l'aident à traquer la chaleur de sa proie.

Rattlers eat mice, birds, and other snakes.

Les crotales mangent des souris, des oiseaux et d'autres serpents.

Sharp **fangs** squirt deadly **venom**.

Des **crochets** acérés crachent un **venin** mortel.

These **reptiles** stay as warm or as cool as the air around them.

La température de ces **reptiles** varie selon la température ambiante.

Cold air slows rattlesnakes. They often warm their bodies in the morning sunshine.

L’air froid ralentit le crotale. Il se réchauffe souvent sous le soleil du matin.

Most rattlesnakes live in rocky deserts or forests.

La plupart des crotales habitent dans les déserts rocailleux ou les forêts.

Some people eat rattlesnakes.
Would you?

Certaines personnes mangent
des crotales. Y goutterais-tu?

Glossary / Glossaire

fangs (FANGZ): Fangs are sharp, long teeth.

crochets (cro-chè) : Les crochets sont de longues dents acérées.

prey (PRAY): Prey is an animal that is hunted by another animal for food.

proie (proa) : Une proie est un animal qui est chassé et mangé par un autre animal.

rattler (RAT-lur): A rattler is a nickname for a rattlesnake.

serpent à sonnette
(sèr-pan à so-nète) : Serpent à sonnette est le surnom du crotale.

reptiles (REP-tilez): Reptiles are cold-blooded, scaly animals that breathe air.

reptiles (rep-til) : Les reptiles sont des animaux à sang froid et à écailles qui respirent de l'air.

scales (SKAYLZ): Scales are small pieces of hard skin that cover the bodies of reptiles and fish.

écailles (é-kaye) : Les écailles sont de petits morceaux de peau dure qui couvrent le corps des reptiles et des poissons.

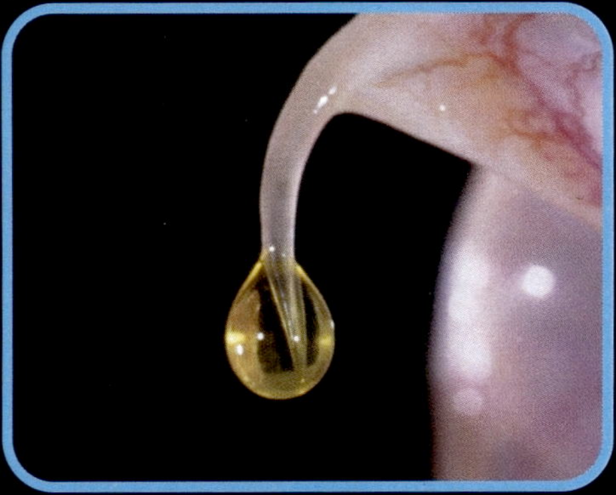

venom (VEN-uhm): Venom is a poison passed through a bite or sting.

venin (ve-nin) : Le venin est un poison injecté par une morsure ou une piqûre.

Index

About the Author
À propos de l'auteure

Tracy Nelson Maurer

Tracy Nelson Maurer has written more than 100 books for young readers. She lives in Minnesota where it's too cold for most dangerous snakes.

Tracy Nelson Maurer a écrit plus de 100 livres pour les jeunes lecteurs. Elle habite au Minnesota où il fait trop froid pour la plupart des serpents dangereux.

Websites / Sites Web

https://kids.nationalgeographic.com/animals/reptiles/rattlesnake
https://easyscienceforkids.com/all-about-rattlesnakes

Les sites Web sont en anglais seulement.

Crabtree Publishing

crabtreebooks.com 800-387-7650

Library and Archives Canada Cataloguing in Publication
Available at the Library and Archives Canada

Library of Congress Cataloging-in-Publication Data
Available at the Library of Congress

Published in Canada
Publié au Canada
Crabtree Publishing
616 Welland Avenue
St. Catharines, Ontario
L2M 5V6

Published in the United States
Publié aux États-Unis
Crabtree Publishing
347 Fifth Avenue
Suite 1402-145
New York, NY 10016

Written by/Auteure : Tracy Nelson Maurer
Designed by/Conception : Jennifer Dydyk
Edited by/Révision : Kelli Hicks
Proofreader/Correctrice : Kathy Middleton
Translation/Traduction : Annie Evearts

Références photographiques/Photographs: mask for snakeskin graphic on cover and pages © shutterstock.com/Merydolla. yellow triangle with snake graphic © Top Vector Studio/ Shutterstock; Cover photo: © Steve Byland/Shutterstock; page 3 © Audrey Snider-Bell/Shutterstock; page 5 © Creeping Things/ Shutterstock; page 7 © Chaikom/Shutterstock; page 9 © Susan Schmitz/Shutterstock; page 11 © Ali Iyoob Photography/ Shutterstock; page 13 © Breck P. Kent/Shutterstock; page 15 © Audrey Snider-Bell/Shutterstock; page 17 © Edgar Figueiredo/ Shutterstock; page 19 © Brian Magnier/Shutterstock; page 21 © Brian Magnier/Shutterstock; page 23 (bottom photo) © Joe McDonald/Shutterstock

Hardcover 978-1-0398-6992-9
Paperback 978-1-0398-6980-6
Ebook (pdf) 978-1-0398-7004-8
Epub: 978-1-0398-7016-1

Printed in/Imprimé au Canada